Être un superhéros
Being a Superhero

Liz Shmuilov

Illustré par Mary K. Biswas

www.kidkiddos.com
Copyright ©2019 by KidKiddos Books Ltd.
support@kidkiddos.com

All rights reserved. No part of this book may be reproduced in any form or by any electronic or mechanical means, including information storage and retrieval systems, without written permission from the publisher, except in the case of a reviewer, who may quote brief passages embodied in critical articles or in a review.
Tous droits réservés. Aucune reproduction de cet ouvrage, même partielle, quelque soit le procédé, impression, photocopie, microfilm ou autre, n'est autorisée sans la permission écrite de l'éditeur.
First edition, 2019

Translated from English by Sophie Troff
Traduit de l'anglais par Sophie Troff
French editing by Ginette Bedard
Révision en français par Ginette Bedard

Library and Archives Canada Cataloguing in Publication
Being a Superhero (French English Bilingual Edition)/ Liz Shmuilov
ISBN: 978-1-5259-1870-4 paperback
ISBN: 978-1-5259-1871-1 hardcover
ISBN: 978-1-5259-1869-8 eBook

Please note that the French and English versions of the story have been written to be as close as possible. However, in some cases they differ in order to accommodate nuances and fluidity of each language.

Salut les amis ! Je m'appelle Maya. Je suis un lézard. Je vais vous raconter l'histoire de mon meilleur ami Ron la grenouille, qui est devenu un superhéros.

Hi friends! My name is Maya. I am a lizard. I want to tell you a story about my best friend Ron the frog, who became a superhero.

Un jour d'été, j'étais chez Ron en train de regarder notre émission de superhéros préférée.

One summer day, I was at Ron's house watching our favorite superhero show.

— *Tu sais, a soudain dit Ron, ce serait cool d'être un superhéros. On pourrait aider les autres !*

"You know," Ron said suddenly, "it would be cool to be a superhero. Then we would be able to help others!"

— *C'est une idée géniale ! ai-je répondu, les pensées se bousculant dans ma tête. Je pourrais être ton coach et t'apprendre tout ce qu'un superhéros doit savoir !*

"That's a great idea!" I replied, millions of thoughts racing through my mind. "I could be your coach and teach you all the things a superhero needs to know!"

— J'ai regardé beaucoup de films, je peux t'entraîner, ai-je ajouté.

"I've watched a lot of movies. I can teach you!" I added.

En entendant cela, la joie a illuminé le visage de Ron.
As he heard this, a look of hope appeared on Ron's face.

— Mais tous les superhéros ont un pouvoir, a-t-il dit doucement.
"But every superhero needs a superpower," he said quietly.

J'ai réfléchi un moment.
— Ton superpouvoir pourrait être ton talent pour le saut en hauteur ! Oh, et tes mains adhésives !
I thought for a moment. "Your superpower can be your talent in long jumps! Oh, and your sticky hands!"

— Oui ! s'est enthousiasmé Ron en sautant de joie.
"Yes!" Ron jumped with excitement.

— Bon, il nous faut un costume. Quelque chose que tout le monde reconnaîtra, ai-je dit.

"Now we need a costume. Something everyone will recognize," I said.

Ron a couru dans sa chambre et rapporté un polo rouge.
— On peut colorier une grande étoile sur ce polo !

Ron ran to his room and brought out a red shirt. "We can color a big star on this shirt!"

— Super idée ! ai-je dit en souriant. Et pour la cape ?

"Great idea!" I smiled. "How about a cape?"

— On peut utiliser ma couverture préférée ! s'est exclamé Ron, les yeux pétillants.

"We can use my favorite blanket!" exclaimed Ron. His eyes sparkled.

Nous nous sommes mis au travail sans attendre, et avons dessiné puis peint une étoile sur le polo de Ron.
We got straight to work, drawing and painting on Ron's shirt.

— L'effet est magnifique! Tu vas avoir l'air d'un vrai superhéros ! ai-je dit quand nous avons fini.
"It looks amazing! You will look like a real superhero!" I said when we finished.

Le lendemain matin, nous nous sommes retrouvés au parc pour commencer l'entraînement.

The next morning, we met at the park and started practicing.

— *Aujourd'hui, je vais t'apprendre des choses importantes que tous les superhéros doivent savoir : les Trois Règles du Superhéros.*

"Today, I will teach you a few important things every superhero needs to know: The Three Superhero Rules."

Nous nous sommes assis sur le banc et j'ai expliqué les règles à Ron.

We sat down on the bench and I explained the rules to Ron.

Règle numéro un : n'abandonne jamais, même si la situation se complique.

"Rule number one: never give up, no matter how difficult the situation gets."

Règle numéro deux : apprends de tes erreurs pour pouvoir faire mieux la prochaine fois.

"Rule number two: learn from your mistakes, so that you can do better next time."

Règle numéro trois: n'oublie jamais que tu peux tout faire !

"Rule number three: always remember that you can do anything!"

Nous nous sommes entraînés à mémoriser les règles et sommes ensuite retournés chez moi.

We worked on memorizing the rules and then headed back to my house.

En rentrant, nous avons croisé mon petit frère Danny. Il avait l'air bouleversé.

When we got home, we met my little brother Danny. He looked upset.

— *Je ne trouve pas mon jouet préféré ! pleurait-il.*
"I can't find my favorite toy!" he cried loudly.

J'ai regardé Ron et j'ai murmuré :
— On dirait une mission pour un superhéros !
I glanced at Ron and whispered, "This seems like a mission for a Superhero!"

Ron a souri et acquiescé.
— À quoi ressemble ton jouet ? a-t-il demandé.
Ron smiled and nodded. "What does the toy look like?" he asked.

— C'est mon jouet en peluche, le lion, dans l'émission de télé de superhéros, a expliqué Danny. Il est grand et doux.
"It's my stuffed toy, the lion, from the superhero TV show," explained Danny.
"It's big and soft."

— Ne t'inquiète pas. On va le trouver, lui a assuré Ron, et nous avons entrepris notre première mission.

"Don't worry. We will find it," Ron assured him, and we began our first mission.

Nous avons regardé partout : dans les placards, à côté des armoires, derrière les tables et sous les chaises. Le jouet était introuvable.

We looked everywhere—in closets, beside cupboards, behind tables and under chairs. The toy was nowhere to be found.

— Vous devriez aller voir dans le jardin et je continuerai de chercher ici, a suggéré Ron.

"You two should go look in the backyard, and I'll keep searching here," Ron suggested.

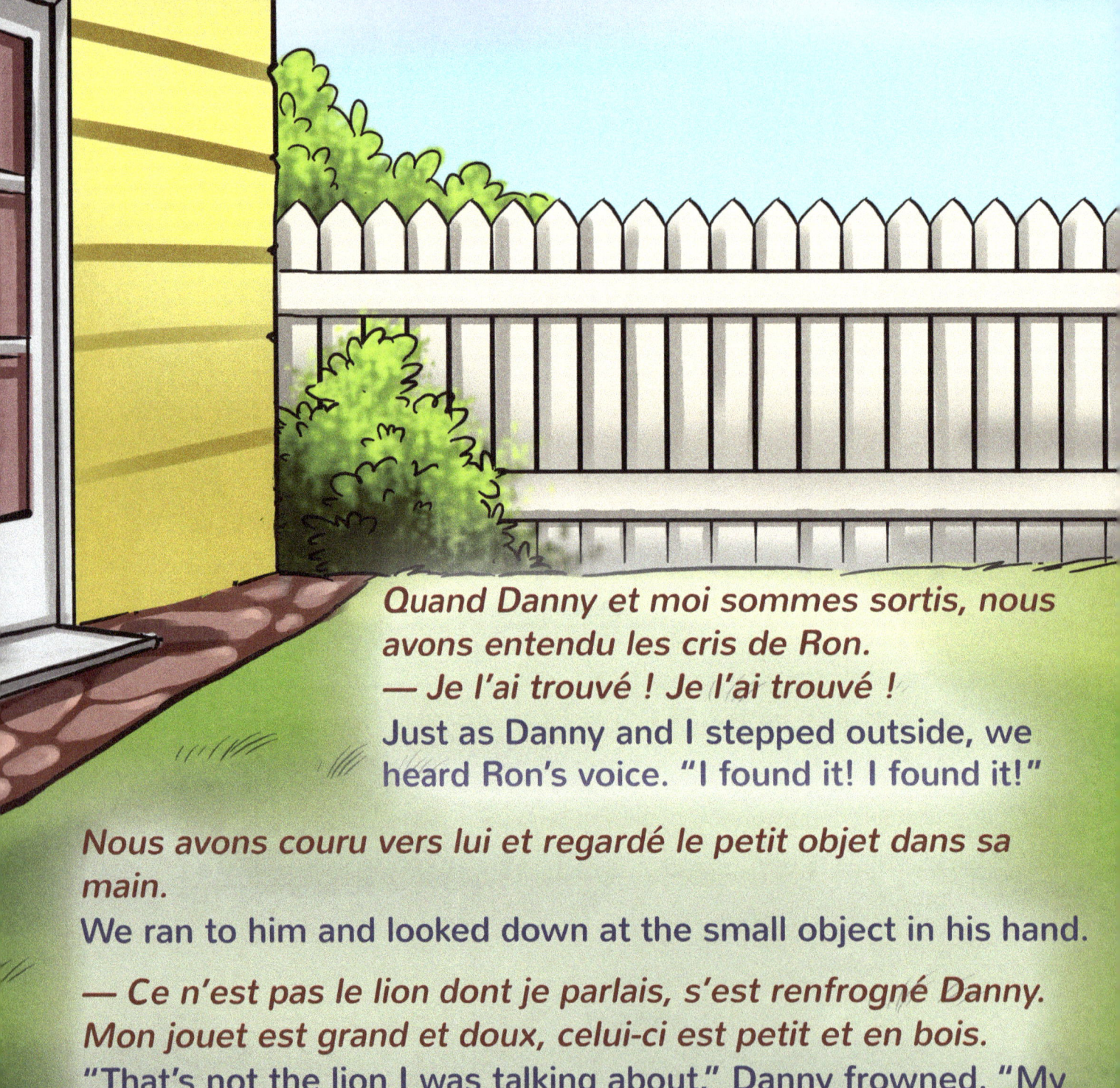

Quand Danny et moi sommes sortis, nous avons entendu les cris de Ron.
— Je l'ai trouvé ! Je l'ai trouvé !
Just as Danny and I stepped outside, we heard Ron's voice. "I found it! I found it!"

Nous avons couru vers lui et regardé le petit objet dans sa main.
We ran to him and looked down at the small object in his hand.

— Ce n'est pas le lion dont je parlais, s'est renfrogné Danny. Mon jouet est grand et doux, celui-ci est petit et en bois.
"That's not the lion I was talking about," Danny frowned. "My toy is big and soft, but this one is small and wooden."

Le visage de Ron s'est d'abord assombri, mais la détermination a vite remplacé la déception.

Ron's face fell at first, but a look of determination quickly replaced the disappointment.

— Pas de souci, a-t-il dit. Règle numéro un du superhéros : n'abandonne jamais !

"No worries," he said. "Superhero rule number one: Never give up!"

— Règle numéro deux , ai-je ajouté, apprends de tes erreurs. On cherche une peluche GRANDE et DOUCE.

"Rule number two," I added, "Learn from your mistakes. We are looking for a BIG, SOFT, stuffed toy."

— *Douce et grande. Compris ! a répondu Ron.*
"Soft and big. Got it!" Ron replied.

— *Et règle numéro trois, ai-je dit, qui peut tout faire ?*
"And rule number three," I said. "Who can do anything?"

— *Je suis un superhéros et je peux tout faire ! s'est écrié Ron avec enthousiasme.*
"I'm a Superhero and I can do anything!" yelled Ron enthusiastically.

— On doit penser comme des superhéros, a-t-il poursuivi. Si le jouet n'est pas dans la maison, il doit être quelque part dehors. Ce n'est pas comme s'il pouvait s'envoler !
"We have to think like superheroes," he continued. "If the toy is not in the house, it must be somewhere outside. It's not like it can fly away!"

Ron a rigolé et regardé vers le ciel, mais soudain, il s'est figé.
Ron giggled and looked up to the sky, but suddenly froze.

— Qu'est-ce que tu regardes ? ai-je demandé en levant les yeux aussi.
"What are you staring at?" I wondered, looking up also.

Ron a montré du doigt le haut de notre gros pommier.
Ron pointed to the top of our big apple tree.

— Est-ce que c'est... ? ai-je bafouillé.
"Is that...?" I began to mumble.

— Mon jouet ! Tu l'as trouvé, Ron ! s'est exclamé Danny.

My toy! You found it, Ron!" Danny exclaimed.

— Mais comment on va le décrocher de l'arbre ? a-t-il ajouté tout bas.

"But how will we get it from the tree?" he added quietly.

— Ron peut l'attraper facilement, ai-je dit. Il peut utiliser ses pouvoirs : ses mains adhésives et ses sauts super hauts.

"Ron can get it easily," I said. "He can use his powers — his sticky hands and super long jumps."

Ron a inspiré à fond et s'est mis à grimper à l'arbre, sautant de branche en branche.

Ron took a deep breath and began climbing the tree, jumping from branch to branch.

Il a atteint le jouet et, très vite, il est redescendu et l'a tendu à mon frère.

He reached the toy and very soon, got down and handed it to my brother.

*— Tu es mon héros !
Danny a ri et fait un gros câlin à Ron.*

"You're my hero!" Danny laughed and gave Ron a big hug.

— En fait, c'est Maya le vrai héros, a corrigé Ron. Elle m'a appris tout ce que je sais !

"Actually, Maya is the real hero," Ron corrected him. "She taught me everything I know! "

Ce jour-là, nous avons appris que même si nous ne sommes pas les superhéros du cinéma, nous sommes intelligents et nous pouvons faire tout ce que nous voulons !

That day we learned that even if we're not the superheroes from the movies, we're smart and strong and can do anything we want!

N'oublie pas, toi aussi tu es un superhéros !

And remember, you are a Superhero too!

www.ingramcontent.com/pod-product-compliance
Lightning Source LLC
Chambersburg PA
CBHW061141070526
44584CB00033B/4385